AF240055

LA CARRA-MANIE.

Par le Pere Duchêne.

JUSQU'A quand, pauvres bougres d'imbécilles, vous laisse-rez-vous empaumer par les déclamations insensées de quelques énergumènes, qui d'un trait de plume vous enfantent des armées de deux cens mille hommes, toutes prêtes à fondre fur vous; le diable m'extermine, s'il faut croire un mot de toutes ces foutaifes. Qu'on s'en rapporte au Pere Du-chêne qui n'eft ni menteur, ni poltron, ni jeanfoutre, & qui voudroit, tant il eft humain, vous préferver de la peur du mal, & du mal de la peur : facredié, cela me refout de cent pas, quand je vois qu'on fe laiffe berner par de pa-reilles coyonnades! C'eft à des enfans que l'on fait des contes à dormir de bout, mais foutre nous fommes des hommes, & nous devons méprifer toutes ces balivernes. Méfiez-vous donc, mes chers compatriotes, de tout ce qui eft outré, croyez qu'on ne forge pas ainfi des armées toutes prête à venir nous foutre malheur, & que Meffieurs les Potentats de l'Europe ont auffi du fil à retordre chez eux, & bien d'autres chiens à fouetter. Eh! vous croiriez, comme des bougres de bonaces, d'après l'affertion de Carra, que pour fervir le reffentiment de quelques vagabonds d'Arif-tocrates qui quittent femmes & enfans pour aller courir, Meffieurs les Rois font difpofés à nous envoyer des ba-taillons pour nous boucanner au milieu du grand œuvre de notre régénération ? N'en déplaife à l'ami Carra, foyons en repos là-deffus, nous n'avons à craindre d'autres en-nemis que ceux qui font au milieu de nous, & foutre, s'ils bronchent, nous faurons en venir à bout... Qu'ils trémblent de combler la mefure.... Qu'ils frémiffent d'un fecond réveil de la Nation ! ... Je veux que dix mille diable me boulverfent l'ame, je veux que le crâne d'un Ariſto-crate me ſerve de taſſe à rôgomme, s'il échappe un ſeul de ces noirs coquins. Mais, mes bons amis, ſi je prétendsvous préſerver de la Carra-Manie, ce n'eſt pas à dire pour cela que je veuille inſinuer que Carra ſoit un jeanfoutre ; au con-traire, le bougre ne s'égare quelquefois que par excès de patriotiſme, & cela eſt bien pardonnable dans un tems où les ennemis de la Nation voudroient tout voir en capi-lotade. Mais vous le ſavez, que peut la partie contre le tout ; le pot de terre ne ſe briſe-t-il pas en éclats contre le pot de fer ? Soyons tranquilles, vous dis-je, encore un peu de patience, & çà ira, ou dix millions de diables m'exterminent. Ne croyez donc plus aux fables, que de vaines déclamations ne vous en impoſent pas, & lorſque l'ami Carra ne fait ce qu'il dit, il ne faut pas l'écouter. Ce qui le reſout le plus, c'eſt toujours l'affaire de Nancy ; voilà ce qui, depuis la révolution, a le plus fort animé ſa bile ; moi qui vous parle, j'en ai été malade de dé-treſſe, j'ai éprouvé, au récit de cette horrible cataſtro-phe, les convulſions d'une cruelle agonie ; & ſans la goute de rôgomme qui a ſoutenu le Pere Duchêne, le pauvre bougre ſeroit déjà foutu. Ah cette affaire de Nancy eſt bien terrible auſſi ! le plus clairvoyant n'y voit goute. Que de verſions différentes n'ont pas été faites, que de ridicules exagérations n'a-t-on pas vues dans les divers Journaux, dont les rédacteurs abſurdes ou calomniateurs, ſe font plus à charger leurs diatribes hebdomadaires. Moi, Pere Duchêne, j'ai été abuſé tout comme un autre. Au récit de la cataſtrophe de Nancy, j'ai bien vite taillé ma plume & broyé du noir ; envi-ronné de fantômes hideux, de cadavres, de ſpectres en-ſanglantés, de grenadiers pendus aux fenêtres, de fem-

mes éventrées; j'ai lancé à tort & à travers les fou-
dres de la malédiction fur les bourreaux infames, au-
teurs de tant d'atrocités. Ainfi le Pere Duchêne, pour
avoir été trompé, pour s'être trop livré au premier
mouvement qu'une ame fenfible éprouve, au détail exa-
géré d'une horrible cataftrophe, eft-il un jeanfoutre pour
cela? Non fans doute. Eft-ce ma faute fi des fots ou des
méchans fe font avifés de charger le tableau des défaftres
de Nancy, s'ils ont annoncé deux ou trois mille hommes
tués fur le champ de bataille, tandis qu'il eft prouvé,
clair comme le jour, qu'il n'y en a pas cent, en comp-
tant les cinq à fix ftipendiaires de Mets, qui font venus
comme des imbécilles fe foutre à la gueule du canon.
Eh! voilà comme on eft trompé par des bougres de
charlatans qui mentent comme des enragés. Tonnerre de
mille Dieux! le mal n'eft-il pas affez grand, faut-il
encore chercher à altérer la vérité? C'eft ici le cas de
citer l'abfurde & atroce compilation intitulée relation
exacte & impartiale, &c. &c... Cet œuvre de ténebres
infpiré par Lucifer & compagnie, eft bien digne de fon
auteur. (*) Cet inepte Gafcon avoit compté fur une
ample moiffon de lauriers, & fur-tout d'argent pour
payer fes dettes. Mais il n'a recueilli que l'opprobre &
le mépris dont doit être chargé tout vil calomniateur.
Comme ce griffonneur eft fort amateur de tragédies,
fur-tout dans le genre de celles où l'officier des hau-
tes-œuvres joue le principal rôle; il defiroit avant fon
départ de Nancy, voir renouveller quelques-unes de
ces exécutions fanglantes dont la rage de fes pareils

(*) *LEONARD*, *Officier du Meftre-de-Camp Ca-*
valerie.

aime à se repaître ; mais à son grand' déplaisir ; la représentation n'a pas eu lieu, & il est parti de cette Ville où sa noire méchanceté vouloit réveiller les haines réciproques, les discordes fatales ; heureusement que cela n'a pas pris, au grand regret de son teinturier que je connois de réputation, & qui est bien le plus noir . . . . qu'on connoisse de cent lieues à la ronde. Admirez un peu la mal - adresse de ces abominables jeanfoutres d'Aristocrates qui veulent insinuer que les meilleurs Patriotes sont les uniques moteurs des désastres dont plusieurs Villes de la France ont été les sanglans théatres, tandis que leur source est connue à la honte des perfides instigateurs dont les coups ont frappé long-tems dans les ténebres pour préparer les explosions épouvantables dont eux - mêmes ont manqué d'être les victimes, sur-tout dans l'affaire de Nancy. Mais enfin elle est connue cette triste vérité, elle est, sur-tout, sensible & frappante dans le Rapport des Commissaires du Roi, aussi vrai, aussi modéré, que la plupart des autres relations sont absurdes, calomnieuses & méchantes. Eh bien ce foutu Carra ne dit-il pas encore que ces deux Commissaires, que je connois pour de bons bougres , & qui passent pour d'excellens Patriotes, ont pallié certains faits, & qu'ils ont tort de donner des éloges au Pere Bouillé ! Quant à moi, je crois qu'il peut les mériter, comme Patriote & comme Général, à présent que je suis mieux instruit, je crois très-fort que le Pere Bouillé n'est pas un jeanfoutre, qu'il sera fidel, à son serment, qu'il protégera la liberté, qu'il deviendra le plus ferme rempart de la Constitution ; car on connoit ses talens militaires, qu'il ne voudra pas flétrir ses lauriers & se couvrir d'opprobre en se parjurant. O Bouillé ! entre la gloire & l'infamie, ton choix n'est pas douteux ; la France

entiere a les yeux ouverts fur ta conduite; & malgré les
imprécations de Carra, la France entiere fonde beau-
coup fur ta parole d'honneur. Ainfi, Carra, tais-toi;
car on fe laffe de tes déclamations outrées; on dit par
toute la France que tu n'es qu'un bougre d'aboyeur
qui ne fe plaît qu'à femer, fans néceffité, la terreur &
les allarmes; fi tu continues fur le même ton, je veux
que le tonnerre me grille, fi tu ne fais tomber à plat
les annales du comperé Mercier, j'en ferois fâché pour
ce pauvre bougre-là. Dans le fait, dis-moi, Carra, qu'a-
vons-nous à craindre? Les Miniftres Ariftocrates font
remplacés par des Miniftres Patriotes, & tous dévoués
à la Conftitution; l'Armée Françoife qu'on vouloit dif-
foudre peu à peu, va reprendre toute fa force & fon
énergie; la maffe terrible des nombreufes Gardes Na-
tionales qui couvrent la vafte étendue de cet Empire,
eft feule capable de pulvérifer tous les ennemis de la
France, du dedans & du dehors. Et nous ferions affez
jeanfoutre pour concevoir encore des terreurs paniques!
je veux qu'un million de diables m'affaffinent, fi nous
avons rien à craindre. Laiffons aux ennemis du bien
public la trifte fatisfaction d'exhaler en murmures leur
rage impuiffance. Lorfque leurs machinations perfides
tendent à tout bouleverfer, le grand ouvrage de notre
régération s'opere à travers les vaines clameurs, & les
obftacles qu'on prétend oppofer à fa marche rapide.
Malheureux bougres d'Egoïftes qui ne voient pas le
doigt de Dieu marqué dans cette révolution mémora-
ble, où l'homme devenu libre, ceffe enfin de ramper
fous le joug aviliffant de l'oppreffion! Nom d'un tonnerre! . . . . . . ma colere eft à fon comble quand
je vois une poignée de jeanfoutre, ridicules pygmées,
vouloir batailler contre un Peuple libre qu'ils prétendent

faire rentrer dans fes premiers fers. Les infenfés ! Mais ;
tandis que ces vils infectes diftillent leurs noirs poifons,
notre Affemblée Nationale confolide de jour en jour le
grand œuvre qu'elle a commencé, nos Auguftes Repré-
fentans fe foutent du qu'en dira-t-on, & femblables au
Soleil :

> *En dépit des vils détracteurs*
> *Ces Dieux pourfuivant leur carriere,*
> *Verfent des torrens de lumiere*
> *Sur leurs obfcurs blafphémateurs.*

Signé le Pere DUCHÊNE.

Paris ce 20 Novembre 1790.

BIBLIOTHÈQUE NATIONALE

CHÂTEAU
de
SABLÉ

1988